이야기로 본
인대인
삶 바꾸기
A/S

실천편

이야기로 본
인대인 삶 바꾸기 A/S
실천편

© 생명의말씀사 2019

2019년 12월 23일 1판 1쇄 발행

펴낸이 | 김재권
펴낸곳 | 생명의말씀사

등록 | 1962. 1. 10. No.300-1962-1
주소 | 서울시 종로구 경희궁1길 5-9(03176)
전화 | 02)738-6555(본사) · 02)3159-7979(영업)
팩스 | 02)739-3824(본사) · 080-022-8585(영업)

지은이 | 김민정

기획편집 | 서정희, 유영란
디자인 | 김혜진
인쇄 | 영진문원
제본 | 정문바인텍

ISBN 978-89-04-13220-1 (03230)

저작권자의 허락없이 이 책의 일부 또는 전체를
무단 복제, 전재, 발췌하면 저작권법에 의해 처벌을 받습니다.

배운 것이 생활이 되게 하는
Action & Support

이야기로 본
인대인
삶 바꾸기
A/S

CONTENTS

	들어가는 글	• 6
1강	내 주변 유령 살리기	• 10
2강	잃어버린 유령 살리기	• 26
3강	사람(유령)과의 만남을 준비하라	• 40
4강	매 순간 사람을 소중히 여기라	• 60
5강	지지 그룹 만들기	• 74
	부록 _ 나의 인대인 만남 일기	• 90

들어가는 글

『이야기로 본 인대인 삶 바꾸기 A/S』는 '인대인 삶 바꾸기' 3단계 과정을 모두 마친 성도들을 위한 프로그램이다. '인대인 삶 바꾸기' 과정은 실제로 나의 삶이 바뀌지 않으면 큰 의미가 없다. 그래서 다만 공부로 그치지 않도록 그 실천편인 A/S를 기획했다.
이 교재와 함께 익숙하지 않던 생활 실천의 감을 잡는다면, 이후부터는 보다 수월해진 삶의 변화를 경험할 것이다.

왜 『이야기로 본 인대인 삶 바꾸기 A/S』를 먼저 하면 안 되나?

'인대인 삶 바꾸기' 과정은 단계가 중요하다.
모두 3단계로 진행되는데, 이는 마치 1)그릇을 준비하고, 2)그릇에 음식을 담고, 3)그 음식을 나누는 과정과도 같다.

1단계) 나의 이야기
그릇이 깨져서 새거나 더러우면, 그 안에 담긴 음식이 쉽게 상하거나 맛이 이상해질 것이다.
그래서 먼저 그릇을 점검하는 것이 '나의 이야기'이다.
내가 회복되지 않으면 무엇도 오래 지속할 수 없다.

2단계) 그분의 이야기
그릇은 잘 준비되었는데 상한 음식이 담긴다면 어떨까?
그릇이 오염될 뿐 아니라, 음식을 나눌수록 문제를 일으킬 것이다. 그러기에 진짜 온전한 음식을 구별해서 잘 담아야 한다.

이것이 '그분의 이야기'이다.
올바른 복음을 올바로 적용하지 못하면 그 실천도 잘못될 수밖에 없다.

3단계) 우리의 이야기
깨끗한 그릇에 생명의 음식을 담았는데, 교만하고 무례하고 이기적인 방법으로 그 음식을 나눈다면 어떨까?
사람들이 거절할 것이다. 음식이 싫어서가 아니라 나누는 사람의 태도와 방식이 싫어서 말이다.
더 많은 사람들과 더 좋은 방식으로 나눔이 일상이 되는 것, 이것이 바로 '우리의 이야기'이다.
사랑의 방법을 모르면 복음으로도 상처를 줄 수 있다.

'인대인 삶 바꾸기' 3단계 과정을 모두 마쳤는가? 그렇다면 이제 새로운 삶으로의 도전이 시작된다.
그동안 몰랐던 사람들을 주목하고, 일상에서 말을 건네고, 그들과 더불어 사는 삶을 시작하는 데 이 교재가 도움이 될 것이다.

어떤 방식으로 진행하나?

이 교재는 '인대인 삶 바꾸기' 과정의 실천편이다. 인대인을 'ACTION' 하고 그것을 'SUPPORT' 하기 위해 만들어졌다. 따라서 실천과 나눔이 없다면 큰 의미가 없는 과정이 될 것이다.

먼저 일주일 동안 '인대인 하겠다.'는 마음으로 실생활에서 아주 작은 것이라도 실천하려 노력하자. 실패도 좋고 성공도 좋다. 아주 작은 변화라도 함께 나누고 격려하자. 이 과정 가운데 내 주변에 어떤 사람들이 있는지 차츰 발견해 나가는 기쁨이 있을 것이다.

실천 시 주의사항

"나의 친정엄마는 올해 연세가 여든 예순이신데 지금도 보험회사에 다니신다. 물론 보험회사 대표가 조카여서 이리 오래 다니실 수 있었다. 엄마는 내성적인 분이신데 생계를 위해 중년 시절부터 보험을 파셨다.
엄마와 함께 다니다 보면, 엄마는 백화점에서 옷을 구경하면서도 그 주인을 친구로 만드신다. 이런 저런 이야기를 하며 안면을 트고, 오래 교제를 나누다가 보험 이야기를 꺼내시는 것이다. 나쁜 의도는 아니지만(실제로 그 보험이 그분께 도움이 되리라는 확신에서 권하시는 것이지만) 결국 관계의 목적, 그 내심에는 보험 가입이 있었다."

이제까지 전도가 이런 식이었다. 신실한 크리스천은 '전도'라는 목적을 두고 장기든 단기든 관계를 만든다. '전도'라는 목적이 사라지면 관계도 사라진다. 그래서 사람들은 크리스천의 접근을 싫어한다.
인대인은 다르다. 관계, 다시 말해 삶으로 동행하는 것을 목적으로 둔다. 그것이 변화의 핵심이 되게 한다. 어떤 상황이든 인간이 도구가 되는 것은 올바르지 않다. 사람을 도구삼지 않는, 딴마음 없는 '진짜 만남'을 훈련해야 한다.

어떤 효과가 나타날까?

'인대인' 하며 우리는 하나님의 일하심을 경험할 것이다.
사람을 붙여 주시고, 만남을 열어 주시고, 은혜를 부어 주시는 하나님을 만날 것이다.
'인대인' 하며 우리는 천천히 가는 법을 배울 것이다.
결국 삶을 함께할 것이니 급할 것이 없다. 성급한 전도가 아닌, 복음을 삶으로 퍼뜨리시는 하나님을 배울 것이다. 하나님을 신뢰함으로 속도를 늦추는 법, 목적을 바꾸는 법을 알게 될 것이다.

우리는 이 과정을 통해 전도가 목적이 아닌데도 복음이 전해지는 은혜, 놀라운 간증들을 경험했다. 올바른 복음과 실천을 기뻐하시는 하나님을 발견했다.
이제 자신의 하루하루가 올바른 실천으로 가득하기를 기대하며 그 설레는 첫발을 내딛어 보자.

다음 주 독서 「다음 세대를 위한 관계 전도법」 22-70쪽을 읽어 오십시오.
(리 스트로벨, 마크 미텔버그 저/홍병룡 역/포이에마, 2016)

1강
내 주변 유령 살리기

1강의 목적

A C T I O N & S U P P O R T

교회 밖, 내가 주중에 실제로 생활하는 지역에는
많은 사람들이 존재합니다.
이제까지 그 사람들은 나와 상관없는 유령 같은 존재였지요.
그저 계산하는 사람, 그저 음료 주는 사람, 그저 배달하는 사람…….
얼굴도 이름도 모른 채 그 존재 의미가 없던 유령 같던 사람들을
다시 바라보도록 돕는 시간입니다.

내 주변에 사는 그들 또한
하나님의 형상을 지닌 소중한 존재입니다.

이제 그들을 살려냅시다.

말씀 거울 보는 시간

1. 요셉의 낯빛을 살핌

창세기 | 40장 4-7절

⁴친위대장이 요셉에게 그들을 수종들게 하매 요셉이 그들을 섬겼더라 그들이 갇힌 지 여러 날이라 ⁵옥에 갇힌 애굽 왕의 술 맡은 자와 떡 굽는 자 두 사람이 하룻밤에 꿈을 꾸니 각기 그 내용이 다르더라 ⁶아침에 요셉이 들어가 보니 그들에게 근심의 빛이 있는지라 ⁷요셉이 그 주인의 집에 자기와 함께 갇힌 바로의 신하들에게 묻되 어찌하여 오늘 당신들의 얼굴에 근심의 빛이 있나이까

- 요셉은 자신과 함께 옥에 갇힌 술 맡은 자와 떡 굽는 자의 표정을 살핍니다. 자신도 억울한 상황에서 꼭 하지 않아도 되는 일, 그래도 누가 뭐라 하지 않는 일, 즉 옥에 갇힌 자의 근심을 살피는 일을 왜 했을까요? 나라면 어땠을지 솔직히 적어 보십시오.

_____
_____
_____
_____
_____

- 요 근래 주변 사람 중에 내가 관심을 갖고 얼굴을 살피는 사람은 누가 있나요? (예: 남편, 아내, 상사, 자녀 등)

- 나의 관심에서 벗어난 사람들은 왜 그런지 적어 봅시다. 떠오르는 사람들을 써 보세요.

2. 바벨론에서의 정착

예레미야 | 29장 4-7절

⁴만군의 여호와 이스라엘의 하나님께서 예루살렘에서 바벨론으로 사로잡혀 가게 한 모든 포로에게 이와 같이 말씀하시니라 ⁵너희는 집을 짓고 거기에 살며 텃밭을 만들고 그 열매를 먹으라 ⁶아내를 맞이하여 자녀를 낳으며 너희 아들이 아내를 맞이하며 너희 딸이 남편을 맞아 그들로 자녀를 낳게 하여 너희가 거기에서 번성하고 줄어들지 아니하게 하라 ⁷너희는 내가 사로잡혀 가게 한 그 성읍의 평안을 구하고 그를 위하여 여호와께 기도하라 이는 그 성읍이 평안함으로 너희도 평안할 것임이라

- 이스라엘 백성들은 바벨론에 정착하고 싶지 않았습니다. 그런데 하나님은 적대국인 바벨론을 오히려 이웃 삼아 살아가며 그 땅의 평안을 구하라고 하십니다. 내가 지금 바벨론으로 여기며 적대시하고 무시하고 피하고 살아가는 곳은 어디입니까? 모두 적어 보십시오. (예: 퇴사를 생각 중인 직장, 보기 싫은 이웃, 상처 주는 가족, 만나고 싶지 않은 그룹 등)

_____
_____
_____
_____
_____
_____

- 하나님은 지금 나의 자리에서 그 사람들과 더불어 잘 살기를 명령하십니다. 그런데 몸만 있고 마음은 떠난 곳이 있습니까? 그렇다면 내가 어떻게 바뀌어야 할지 실천 사항을 하나하나 적어 보십시오.

    (예: 퇴사를 생각 중인 직장
    - 맡은 일을 소홀히 하거나 떠넘기지 말고 다른 사람에게 피해가 가지 않도록 성실히 한다.
    - 직장 동료를 외면하지 말고 끝까지 선을 행한다.)

3. 세상을 사랑하라

요한복음 | 3장 16-17절

¹⁶하나님이 세상을 이처럼 사랑하사 독생자를 주셨으니 이는 그를 믿는 자마다 멸망하지 않고 영생을 얻게 하려 하심이라 ¹⁷하나님이 그 아들을 세상에 보내신 것은 세상을 심판하려 하심이 아니요 그로 말미암아 세상이 구원을 받게 하려 하심이라

- 하나님이 세상을 어떻게 사랑하셨나요?(16절) 그 목적은(17절) 무엇입니까?

- 나는 혹시 세상을 심판하려 하지 않나요? 하나님의 마음을 닮는다면 세상을 향한 나의 마음을 어떻게 바꾸어야 할지 적어 보십시오. 자신의 마음을 구체적으로 들여다보시기 바랍니다.

    (예: 직장에서 술과 담배를 좋아하는 동료를 보면 인상이 찌푸려지고 피하고 싶은 마음만 들었는데, 그 동료도 하나님이 구원하기 원하시는 사람인 것을 기억하고 사랑하는 마음으로 섬겨야겠다.)

내 주변 환경 보는 시간

나의 생활 동선 지도 그리기
- 집 주변

- 동선 그림을 그린 다음, 내가 만나는 사람들의 목록을 지도 옆에 꼼꼼히 적어 봅시다.
  (예: 카페 직원, 미용실 직원, 마트 직원1, 2, 동물병원 직원, 경비 아저씨, 요양보호사 등)

- 이분들과 어떤 이야기를 나눌 수 있을지 생각나는 대로 적어 보십시오. 이 아이디어들은 나의 생활을 바꾸는 데 도움이 될 겁니다.
  (예: 수고 많으세요. 감사합니다. 커피 맛있네요. 강아지 돌보느라 힘드시죠. 안녕하세요. 경비 보시느라 고생이 많으시네요. 날씨가 참 좋아요. 소문 많이 낼게요. 요즘 경기가 안 좋아 힘드시겠어요. 등)

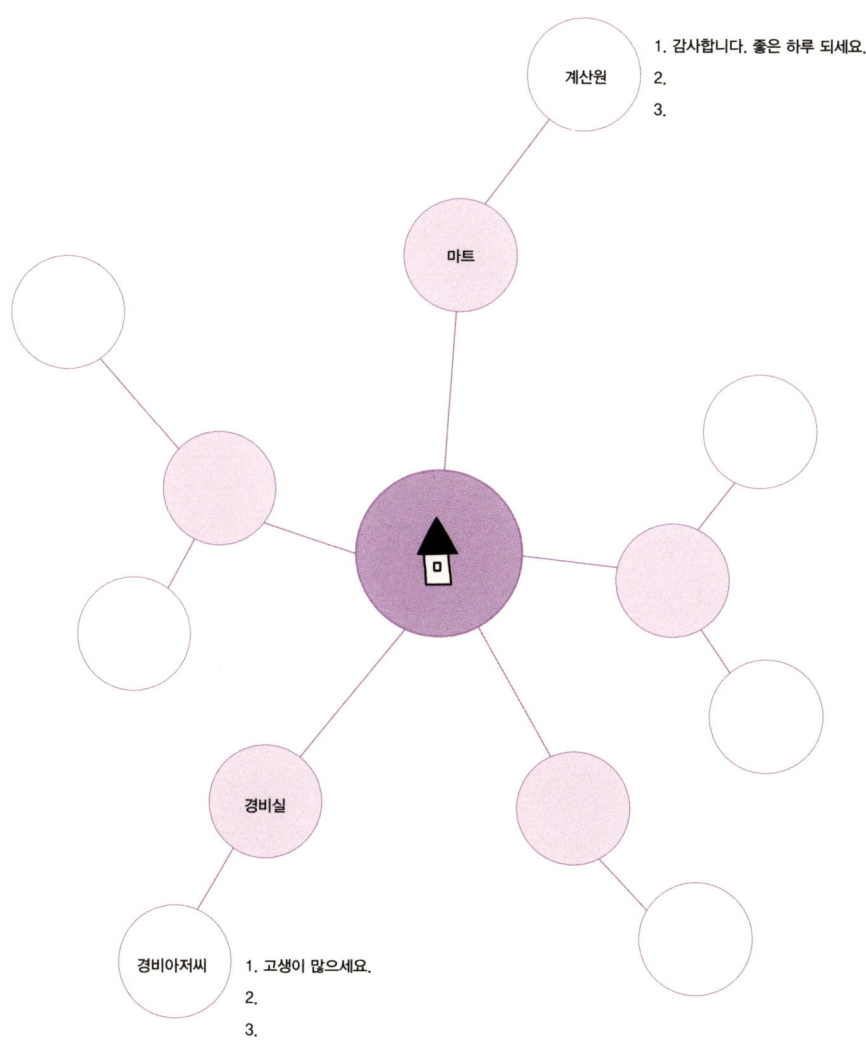

계산원
1. 감사합니다. 좋은 하루 되세요.
2.
3.

마트

경비실

경비아저씨
1. 고생이 많으세요.
2.
3.

나의 생활 동선 지도 그리기
– 회사, 학교, 혹은 정기적으로 머무는 곳 주변

직장을 다니시는 분은 직장 주변이, 학교를 다니시는 분은 학교 주변이, 혹은 자녀 가정을 방문해 아기를 돌보시는 분은 그 주변이 주중에 머무는 곳이 될 것입니다. 꾸준히 운동을 다니시거나 기타 목적으로 집과 떨어진 장소를 방문하신다면 그곳을 중심으로 그려 보십시오.

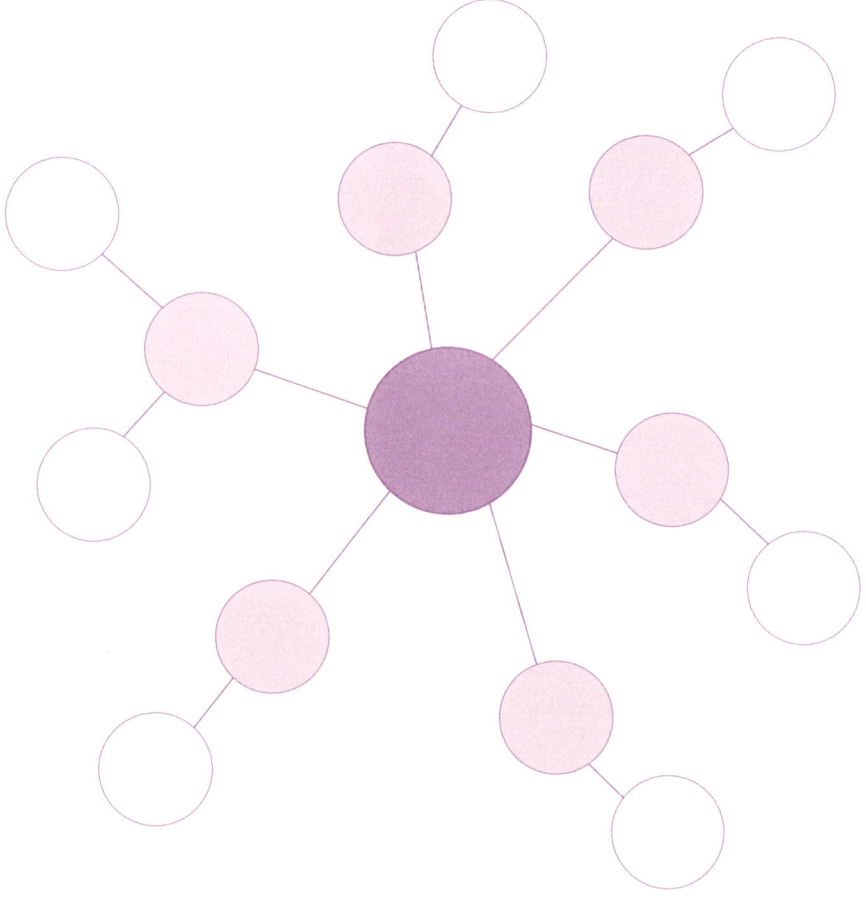

● 동선 그림을 그린 다음, 내가 만나는 사람들의 목록을 지도 옆에 꼼꼼이 적어 봅시다. 그리고 이분들과 어떤 이야기를 나눌 수 있을지 생각나는 대로 적어 보십시오. 이 아이디어들은 나의 생활을 바꾸는 데 도움이 될 겁니다.

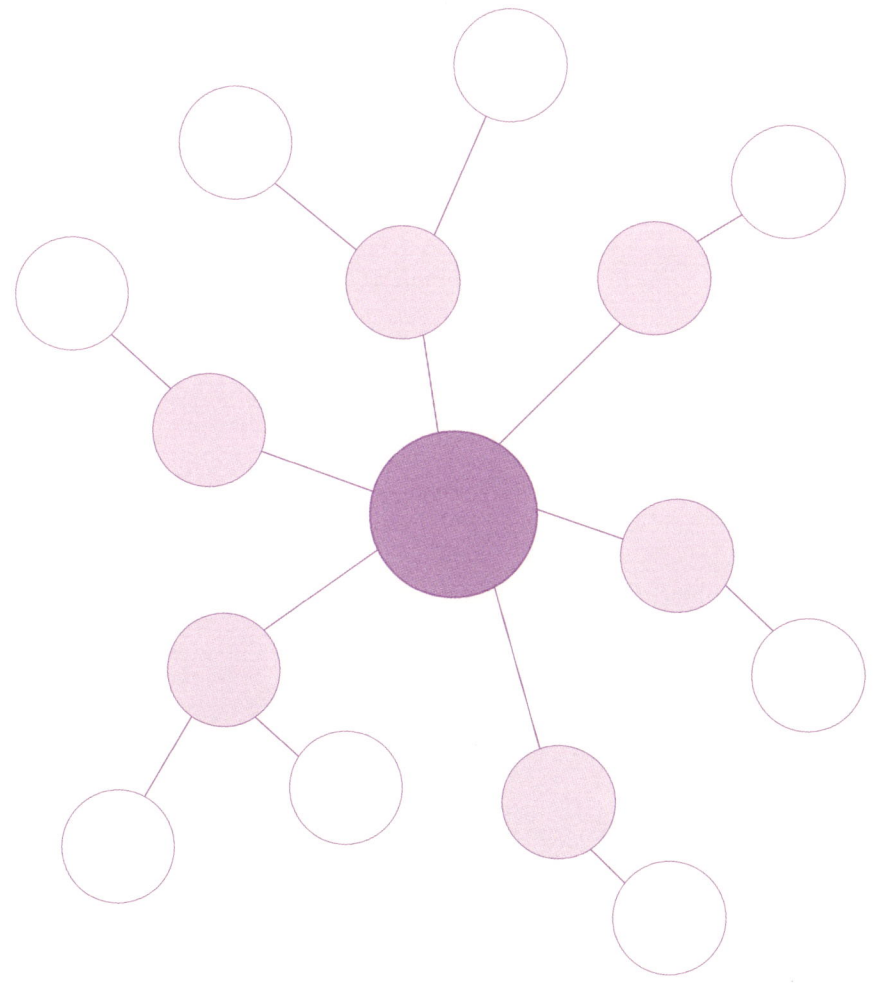

독서 토론 및 실천 나눔

『다음 세대를 위한 관계 전도법』 22-70쪽을 읽고 토론해 봅시다.

1. 지난 일주일 동안 나는 어떻게 지내고, 어떤 기도 중이고, 마음은 어떤지 나누어 봅시다. (나의 삶을 잘 나누고 이야기하는 것도 훈련이 됩니다. 다른 사람의 이야기를 경청합시다.)

    - 어떻게 지냈나요?

    - 어떤 기도 중인가요?

    - 마음은 어떤가요?

    - 다른 사람의 기도 제목을 적고 일주일 동안 함께 기도해 주세요.

2. 읽어 보고 느낀 점이 있다면?

3. 지난 한 주간 어떤 새로운 만남이 있었나요?

4. 어떤 새로운 시도를 했나요?

- 성공적인 것

- 실망스러웠던 것

5. 어떤 어려운 점이 있나요? 조언을 구하고 싶은 점이나 궁금한 것들을 나누어 봅시다.

6. 새롭게 실천하고 싶은 영역과 기도 제목을 함께 쓰고 나누고 기도합시다. (공감과 격려, 함께 기도하는 일은 매우 중요합니다.)

다음 주 독서 『다음 세대를 위한 관계 전도법』 71-121쪽을 읽어 오십시오.

2강

잃어버린 유령 살리기

2강의 목적

A C T I O N & S U P P O R T

내가 사는 지역 주변만이 아니라
나의 기억 속에도 많은 인연들이 있습니다.
예전 동네 이웃들, 이전 직장 동료들, 동창들,
명절에나 간간이 만나는 친척들, 연락이 끊긴 친구들…….
그들은 나의 기억 속에만 있습니다.
가끔 떠오를 때도 있지만, 금세 잊어버립니다.
하나님이 기억나게 하실 때도 '갑자기 연락은 무슨…….' 하고
다시 지워버리고는 합니다.

하나님은 그들에게도 나의 마음과 사랑을 전하기 원하십니다.
하나님이 나의 삶에 주신 모든 만남들은 축복이며 선물입니다.
그들을 다시 살려내 봅시다.

말씀 거울 보는 시간

1. 사람을 찾아 나서는 바나바

사도행전 11장 24-26절

[24]바나바는 착한 사람이요 성령과 믿음이 충만한 사람이라 이에 큰 무리가 주께 더하여지더라 [25]바나바가 사울을 찾으러 다소에 가서 [26]만나매 안디옥에 데리고 와서 둘이 교회에 일 년간 모여 있어 큰 무리를 가르쳤고 제자들이 안디옥에서 비로소 그리스도인이라 일컬음을 받게 되었더라

- 교회와 예수님을 따르던 자들을 핍박한 사울이 교회 공동체 안으로 들어오기란 거의 불가능한 일이었습니다. 그러나 성령 충만한 바나바는 회심한 사울이 교회 공동체 안으로 들어올 수 있도록 초대합니다. 사울의 인생에서 바나바는 어떤 역할을 한 것일까요?

- 나는 바나바처럼 사람을 찾아 주고, 그 사람을 살리는 사람인가요? 아니면, 무관심한 사람인가요? (가정에서, 직장에서, 학교에서, 교회에서 나의 모습을 돌아보십시오.)

    - 가정에서

    _____
    _____

    - 직장(학교)에서

    _____
    _____

    - 교회에서

    _____
    _____

    - 친구들에게

    _____
    _____

- 오래 잊히고 관심 밖으로 사라진 사람이 있나요? 생각이 났는데 귀찮아서 방치한 관계가 있는지요?

_____
_____
_____
_____

2. 사람을 세우는 바울

빌레몬서 1장 8-10, 17-18절

⁸이러므로 내가 그리스도 안에서 아주 담대하게 네게 마땅한 일로 명할 수도 있으나 ⁹도리어 사랑으로써 간구하노라 나이가 많은 나 바울은 지금 또 예수 그리스도를 위하여 갇힌 자 되어 ¹⁰갇힌 중에서 낳은 아들 오네시모를 위하여 네게 간구하노라 (중략) ¹⁷그러므로 네가 나를 동역자로 알진대 그를 영접하기를 내게 하듯 하고 ¹⁸그가 만일 네게 불의를 하였거나 네게 빚진 것이 있으면 그것을 내 앞으로 계산하라

- 오네시모는 주인 빌레몬으로부터 도망쳤습니다. 오네시모의 회심을 도운 사도 바울은 그가 빌레몬에게 돌아갈 수 있도록 편지를 씁니다. 당시 하찮은 존재였던 노예 오네시모를 향한 바울의 넘치는 사랑은 무엇으로부터 나왔다고 생각하십니까? 나의 모습은 어떻고 왜 그런지 적어 봅시다.

_____
_____
_____
_____
_____
_____
_____

- 바울은 나이도 많았고, 굳이 노예까지 보살필 필요가 없었습니다. 이는 마치 직급이 높은 임원이 신입사원을 챙기는 것과 같았습니다. 나도 바울처럼 행할 때가 있나요? 굳이 상관하지 않아도 될 사람을 챙긴 적이 있는지 나누어 봅시다.

  (예: 다른 부서에 신입 직원이 들어왔는데, 가끔 마주칠 때마다 표정이 어두워서 먼저 인사를 걸고 점심 식사를 같이했다.)

3. 사람을 선대하는 다윗

사무엘하 9장 6-8절

⁶사울의 손자 요나단의 아들 므비보셋이 다윗에게 나아와 그 앞에 엎드려 절하매 다윗이 이르되 므비보셋이여 하니 그가 이르기를 보소서 당신의 종이니이다 ⁷다윗이 그에게 이르되 무서워하지 말라 내가 반드시 네 아버지 요나단으로 말미암아 네게 은총을 베풀리라 내가 네 할아버지 사울의 모든 밭을 다 네게 도로 주겠고 또 너는 항상 내 상에서 떡을 먹을지니라 하니 ⁸그가 절하여 이르되 이 종이 무엇이기에 왕께서 죽은 개 같은 나를 돌아보시나이까 하니라

- 므비보셋은 요나단의 아들로 어려서 다리를 절게 된 사람입니다(삼하 4:4). 사울과 요나단은 이미 죽었고, 므비보셋은 더 이상 왕자의 신분도 아닙니다. 내버려 두면 생존하기 어려운 사람입니다. 왕이 된 다윗은 므비보셋을 어떻게 대하고 있습니까?

- 다윗처럼, 혹은 바울이나 바나바처럼 선대하고 돌볼 수 있었는데 외면했던 사람이 있습니까? 떠오르는 사람이 있다면 한번 적어 봅시다. 누구라도 좋습니다. 지위 고하에 관계없이 적어 보십시오.

(예: 교회에 다른 사람과 쉽게 어울리지 못하는 성격의 한 자매가 있다. 어느 날 그 자매가 나에게 하고 싶은 말이 있는 듯한 제스처를 취했는데, 나도 마음에 여유가 없고 부담스러워 모르는 척 외면한 적이 있다.)

내 주변 환경 보는 시간

나의 관계 지도 그리기

가족, 친척, 친구들, 직장 동료들, 이전에 알고 지냈던 지인들, 동네 이웃들, 교회 사람들, 동창, 함께 운동하는 사람들 등 아는 사람을 모두 적어 보세요. 많이 적을수록 좋습니다. 그렇게 떠올린 사람 중에 잊고 지냈지만 소중한 사람이 있을 것입니다.

- 관계 지도를 그린 다음, 내가 연락을 하거나 만나야 할 것 같은 사람을 떠오르는 대로 적어 봅시다.

- 이 사람들의 이름을 보면서, 오랫동안 연락하지 않았지만 한 번쯤 연락해 보고 싶은 사람이 있다면 별을 그려 보십시오.

- 휴대전화로 커피 한 잔 같은 선물 메시지를 보내면 좋겠다 싶은 사람이 있나요? 아마도 그 사람은 당신의 관심에 아주 기뻐할 것입니다. 오늘 그 사람에게 작은 선물 메시지를 보내 보세요. 어렵다면 안부 문자도 좋습니다.

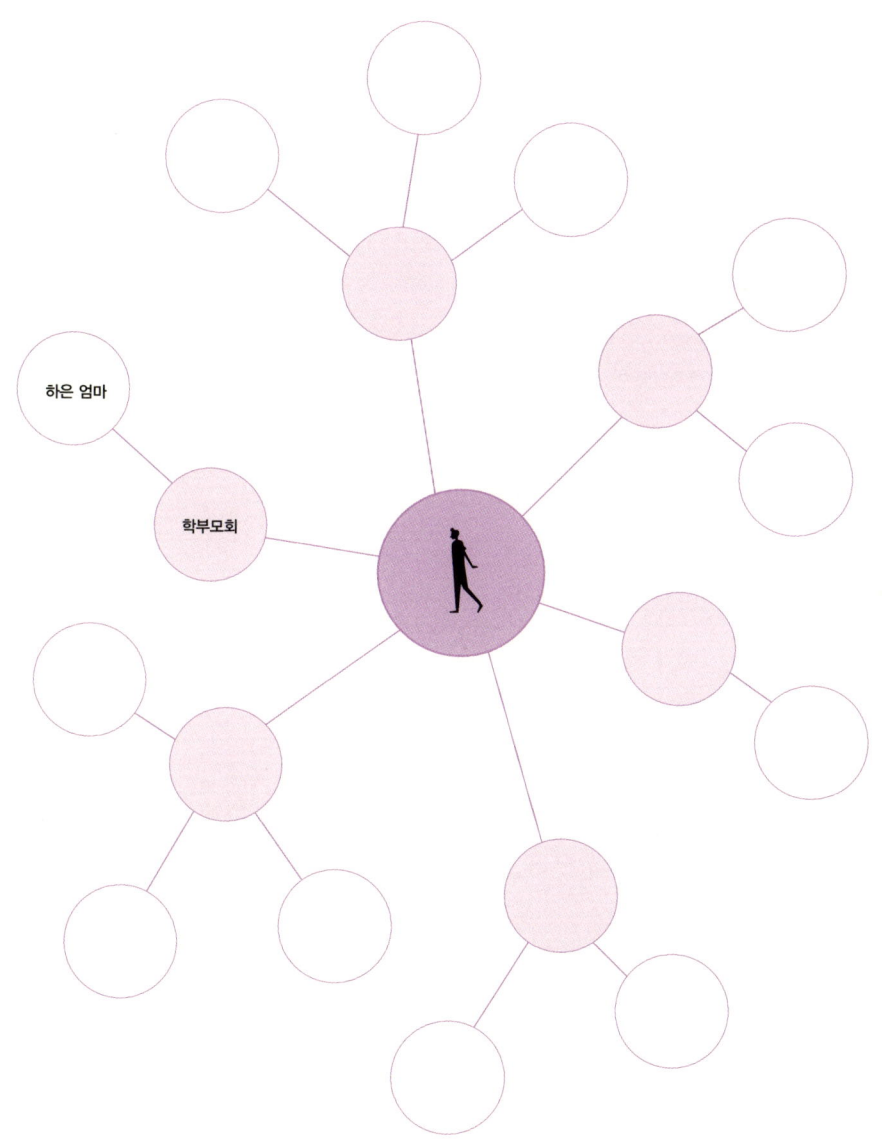

독서 토론 및 실천 나눔

『다음 세대를 위한 관계 전도법』 71-121쪽을 읽고 토론해 봅시다.

1. 지난 일주일 동안 나는 어떻게 지내고, 어떤 기도 중이고, 마음은 어떤지 나누어 봅시다. (나의 삶을 잘 나누고 이야기하는 것도 훈련이 됩니다. 다른 사람의 이야기를 경청합시다.)

    - 어떻게 지냈나요?

    - 어떤 기도 중인가요?

    - 마음은 어떤가요?

    - 다른 사람의 기도 제목을 적고 일주일 동안 함께 기도해 주세요.

2. 읽어 보고 느낀 점이 있다면?

3. 지난 한 주간 어떤 새로운 만남이 있었나요?

4. 어떤 새로운 시도를 했나요?

- 성공적인 것

- 실망스러웠던 것

5. 어떤 어려운 점이 있나요? 조언을 구하고 싶은 점이나 궁금한 것들을 나누어 봅시다.

6. 새롭게 실천하고 싶은 영역과 기도 제목을 함께 쓰고 나누고 기도 합시다. (공감과 격려, 함께 기도하는 일은 매우 중요합니다.)

BOOK

| 다음 주 독서 | 『다음 세대를 위한 관계 전도법』 123-177쪽을 읽어 오십시오.

3강

사람(유령)과의
만남을 준비하라

3강의 목적

A C T I O N & S U P P O R T

연락했는데, 만날 약속을 잡았는데,
정작 무슨 말을 해야 할지 몰라서 두렵지는 않나요?
나의 신앙 고백, 나의 확신, 내 삶 가운데 하나님의 일하심이
먼저 정리되어야 합니다.

"너희 마음에 그리스도를 주로 삼아 거룩하게 하고
너희 속에 있는 소망에 관한 이유를 묻는 자에게는
대답할 것을 항상 준비하되 온유와 두려움으로 하고"(벧전 3:15).

『이야기로 본 인대인 삶 바꾸기』 1권 '나의 이야기' 기억하시지요?
나의 정체성과 확고한 믿음을 정리해 봅시다.

말씀 거울 보는 시간

1. 가장 중요한 나의 고백

마태복음 16장 13-17절

13예수께서 빌립보 가이사랴 지방에 이르러 제자들에게 물어 이르시되 사람들이 인자를 누구라 하느냐 14이르되 더러는 세례 요한, 더러는 엘리야, 어떤 이는 예레미야나 선지자 중의 하나라 하나이다 15이르시되 너희는 나를 누구라 하느냐 16시몬 베드로가 대답하여 이르되 주는 그리스도시요 살아 계신 하나님의 아들이시니이다 17예수께서 대답하여 이르시되 바요나 시몬아 네가 복이 있도다 이를 네게 알게 한 이는 혈육이 아니요 하늘에 계신 내 아버지시니라

- 하나님이 우리에게 맡기신 영혼을 만날 때 가장 먼저 준비되어 있어야 할 것은 '나의 고백'입니다. 내가 먼저 복음을 분명하게 알고 확신하는 믿음이 필요합니다.
  예수님께서 바로 이 시간 당신에게도 동일하게 "너는 나를 누구라 하느냐?" 물으십니다. 당신에게 예수님은 누구십니까? 잘 생각이 나지 않는다면, 1권 나의 이야기에서 배운 것처럼 떠오르는 내용을 자세히 적고 나누어 봅시다.

- 지금까지 삶을 돌아볼 때 예수님은 어떤 분이신가요? 이유는?

- 올 한 해를 돌아볼 때 예수님은 어떤 분이신가요? 이유는?

- 만약 예수님이 없었다면 나의 삶은 어떻게 달라졌을까요?

- 내가 어떻게 회심하고 신앙생활을 시작하게 되었는지 적고 이야기해 보십시오.

  - 그때 어떤 상황에 있었나요?

  _____
  _____
  _____

  - 그때 어떤 마음이었나요?

  _____
  _____
  _____

  - 그때 도움을 받은 사람이 있었나요?

  _____
  _____
  _____

  - 그때 영향을 받은 성경 말씀은 무엇인가요?

  _____
  _____
  _____
  _____

2. 마른 뼈를 살려내라

에스겔 37장 1-5절

¹여호와께서 권능으로 내게 임재하시고 그의 영으로 나를 데리고 가서 골짜기 가운데 두셨는데 거기 뼈가 가득하더라 ²나를 그 뼈 사방으로 지나가게 하시기로 본즉 그 골짜기 지면에 뼈가 심히 많고 아주 말랐더라 ³그가 내게 이르시되 인자야 이 뼈들이 능히 살 수 있겠느냐 하시기로 내가 대답하되 주 여호와여 주께서 아시나이다 ⁴또 내게 이르시되 너는 이 모든 뼈에게 대언하여 이르기를 너희 마른 뼈들아 여호와의 말씀을 들을지어다 ⁵주 여호와께서 이 뼈들에게 이같이 말씀하시기를 내가 생기를 너희에게 들어가게 하리니 너희가 살아나리라

- 우리 주변에 있는, 영혼이 병들고 생기 없이 살아가는 사람들을 살릴 유일한 방법은 하나님의 영이 임하는 방법밖에 없습니다. 오늘 하나님께서 "네가 품은 그 메마른 영혼이 성령의 생기로 살아날 줄 믿느냐?" 물으십니다. 이런 믿음이 있으십니까?

- 주변에 있는 낙망한 사람, 도움이 필요한 사람, 하나님을 모르는 사람, 하나님이 마음을 주시는 사람이 있나요? 그들의 이름을 쓰고 어떤 도움을 줄 수 있을지 적어 보십시오.

   (예: 작은 고모가 자녀들이 모두 결혼한 뒤 외로움과 허무감에 힘들어하신다. 이번 주에 안부 전화를 드리거나 주말에 함께 영화를 보고 저녁 식사를 하면 좋겠다.)

3. 두려움을 이기십시오

요한복음 14장 26-27절

²⁶보혜사 곧 아버지께서 내 이름으로 보내실 성령 그가 너희에게 모든 것을 가르치고 내가 너희에게 말한 모든 것을 생각나게 하리라 ²⁷평안을 너희에게 끼치노니 곧 나의 평안을 너희에게 주노라 내가 너희에게 주는 것은 세상이 주는 것과 같지 아니하니라 너희는 마음에 근심하지도 말고 두려워하지도 말라

누가복음 12장 11-12절(메시지 성경)

¹¹사람들이 너희를 회당이나 즉결재판소의 재판관 앞으로 끌고 가더라도, 너희는 자신을 변호할 일로 – 무엇을 어떻게 말해야 할지 – 걱정하지 마라. ¹²꼭 맞는 말이 떠오를 것이다. 때가 되면 성령께서 꼭 맞는 말을 너희에게 주실 것이다.

- 신앙적인 대화나 복음을 전하는 일은 사람의 말재주로 하는 것이 아닙니다. 성령님의 일하심이 절대적으로 필요합니다. "과연 내가 오늘 만나는 사람과 이야기를 잘 나눌 수 있을까?" 하는 두려움이 있을 수 있습니다. 요한복음 14장 26-27절과 누가복음 12장 11-12절은 오늘 나에게 유효한 말씀입니까?

_____

_____

_____

_____

_____

- 이제까지 두려워서 사람들에게 가까이 가지 못했다면, 이제 어떤 마음으로 임할지 나누어 보십시오. 믿음의 고백을 통해 담대함을 입을 것을 믿습니다.

  또 성령님의 도우심을 구하는 기도를 적고 용기가 떨어질 때마다 기도문을 다시 보며 새 힘을 얻으십시오.

신앙적 질문에 답해 보기

"너희 마음에 그리스도를 주로 삼아 거룩하게 하고 너희 속에 있는 소망에 관한 이유를 묻는 자에게는 대답할 것을 항상 준비하되 온유와 두려움으로 하고"라는 베드로전서 3장 15절 말씀처럼, 이전에는 내게 유령과도 같았지만 이제는 살려낸 소중한 사람들이 나에게 신앙의 이유를 물어올 때 대답할 말을 준비하기 위한 과정입니다. 지금 누군가가 당신에게 아래와 같은 질문을 하고 있다고 상상하며, 진지하게 대답해 봅시다.

1. 교회는 왜 다니세요?

___

___

___

___

___

- 다른 사람의 대답 중 도움이 되는 내용이 있다면 적어 보세요.

___

___

___

___

___

2. 하나님을 믿어서 좋은 게 뭐예요?

- 다른 사람의 대답 중 도움이 되는 내용이 있다면 적어 보세요.

3. 교회 다니는 사람들은 왜 그렇게 다 이상해요?

- 다른 사람의 대답 중 도움이 되는 내용이 있다면 적어 보세요.

4. 교회 다니고 뭐가 좋아졌어요?

- 다른 사람의 대답 중 도움이 되는 내용이 있다면 적어 보세요.

5. 지금도 난 괜찮은데 왜 하나님을 믿어야 하죠?

- 다른 사람의 대답 중 도움이 되는 내용이 있다면 적어 보세요.

6. 언젠가 급하면 가겠죠. 꼭 지금이어야 하나요?

- 다른 사람의 대답 중 도움이 되는 내용이 있다면 적어 보세요.

독서 토론 및 실천 나눔

『다음 세대를 위한 관계 전도법』 123-177쪽을 읽고 토론해 봅시다.

1. 지난 일주일 동안 나는 어떻게 지내고, 어떤 기도 중이고, 마음은 어떤지 나누어 봅시다. (나의 삶을 잘 나누고 이야기하는 것도 훈련이 됩니다. 다른 사람의 이야기를 경청합시다.)

    • 어떻게 지냈나요?

    _____
    _____
    _____

    • 어떤 기도 중인가요?

    _____
    _____
    _____

    • 마음은 어떤가요?

    _____
    _____
    _____

    • 다른 사람의 기도 제목을 적고 일주일 동안 함께 기도해 주세요.

    _____
    _____
    _____

2. 읽어 보고 느낀 점이 있다면?

3. 지난 한 주간 어떤 새로운 만남이 있었나요?

4. 어떤 새로운 시도를 했나요?

- 성공적인 것

- 실망스러웠던 것

5. 어떤 어려운 점이 있나요? 조언을 구하고 싶은 점이나 궁금한 것들을 나누어 봅시다.

6. 새롭게 실천하고 싶은 영역과 기도 제목을 함께 쓰고 나누고 기도합시다. (공감과 격려, 함께 기도하는 일은 매우 중요합니다.)

BOOK

다음 주 독서 『다음 세대를 위한 관계 전도법』 179–231쪽을 읽어 오십시오.

4강

매 순간 사람을
소중히 여기라

4강의 목적

A C T I O N & S U P P O R T

우리는 살면서 본의 아니게
다른 사람을 경계하며 살도록 학습되었습니다.
가까이하면 유익한 사람, 멀리해야 좋은 사람,
만나면 손해가 되는 사람, 혹은 이익이 되는 사람……
그런데 놀랍게도 성경은 그런 경계를 지속적으로 허물어 버립니다.

이 시간은 내 마음 가운데 있는 만남의 경계와 울타리를 허물고,
사람에 대한 소중한 마음을 얼마나 가지고 있는지
확인하는 시간입니다.
지금까지 가지고 있던 울타리를 무너뜨리고
조금 더 크게, 조금 더 넓게,
아니, 아예 울타리를 없애는 은혜가 있기를 기대합니다.

말씀 거울 보는 시간

1. 한 여인을 찾은 예수님

요한복음 4장 3-10절

3유대를 떠나사 다시 갈릴리로 가실새 4사마리아를 통과하여야 하겠는지라 5사마리아에 있는 수가라 하는 동네에 이르시니 야곱이 그 아들 요셉에게 준 땅이 가깝고 6거기 또 야곱의 우물이 있더라 예수께서 길 가시다가 피곤하여 우물 곁에 그대로 앉으시니 때가 여섯 시쯤 되었더라 7사마리아 여자 한 사람이 물을 길으러 왔으매 예수께서 물을 좀 달라 하시니 8이는 제자들이 먹을 것을 사러 그 동네에 들어갔음이러라 9사마리아 여자가 이르되 당신은 유대인으로서 어찌하여 사마리아 여자인 나에게 물을 달라 하나이까 하니 이는 유대인이 사마리아인과 상종하지 아니함이러라 10예수께서 대답하여 이르시되 네가 만일 하나님의 선물과 또 네게 물 좀 달라 하는 이가 누구인 줄 알았더라면 네가 그에게 구하였을 것이요 그가 생수를 네게 주었으리라

- 유대인 남자로서 예수님이 이방인 사마리아 여인에게 말을 거는 것은 당시 문화에서는 수치스러운 일이었습니다(9절). 예수님은 왜 사마리아 여인을 만나러 그곳으로 가셨을까요? 나라면 어땠을지 적어 봅시다.

_____

_____

_____

- 예수님은 세상이 만든 인종과 문화와 종교와 도덕적 차별을 친히 뛰어넘으셨습니다. 예수님의 구원에서 배제될 사람은 아무도 없습니다. 나에게 사람에 대한 차별이 있지 않은지 생각해 보십시오. 나는 어떤 사람을 싫어하고 무시합니까?

    (예: 교회에 외국인 노동자가 출석하는데, 교회에서 오며 가며 마주치면 친절하게 인사하지만, 실제로 삶을 나누고 곁을 내줄 만큼 마음을 열게 되지 않는다. 그분들을 싫어하거나 무시한다고 생각한 적은 없는데, 마음이 열리지 않는 걸 보니 내 안에도 그들에 대한 차별과 마음의 벽이 있는 듯하다.)

2. 약자를 향한 명령

신명기 24장 17-19절

17너는 객이나 고아의 송사를 억울하게 하지 말며 과부의 옷을 전당 잡지 말라 18너는 애굽에서 종 되었던 일과 네 하나님 여호와께서 너를 거기서 속량하신 것을 기억하라 이러므로 내가 네게 이 일을 행하라 명령하노라 19네가 밭에서 곡식을 벨 때에 그 한 뭇을 밭에 잊어버렸거든 다시 가서 가져오지 말고 나그네와 고아와 과부를 위하여 남겨두라 그리하면 네 하나님 여호와께서 네 손으로 하는 모든 일에 복을 내리시리라

- 하나님이 나를 대하시듯 나도 다른 사람을 대하는 것이 하나님의 뜻입니다. 하나님이 나에게 어떤 일을 행하셨는지 기억해 보십시오. 구원받기 전 나는 어떤 사람이었습니까?(18절, 참고 마 18:21-35)

- 지금 우리에게 나그네, 고아, 과부는 어떤 사람인가요? 주변에 있는 약자들을 기록해 보십시오. 그리고 그들을 대하는 자신의 태도를 생각해 보십시오.

  (예: 노숙인 – 괜히 해를 당할까 봐 지레 겁을 먹고 눈도 마주치지 않으려 하고 피한다.)

3. 가장 중요한 나의 고백

여호수아 2장 16-18절

16 라합이 그들에게 이르되 두렵건대 뒤쫓는 사람들이 너희와 마주칠까 하노니 너희는 산으로 가서 거기서 사흘 동안 숨어 있다가 뒤쫓는 자들이 돌아간 후에 너희의 길을 갈지니라 17 그 사람들이 그에게 이르되 네가 우리에게 서약하게 한 이 맹세에 대하여 우리가 허물이 없게 하리니 18 우리가 이 땅에 들어올 때에 우리를 달아 내린 창문에 이 붉은 줄을 매고 네 부모와 형제와 네 아버지의 가족을 다 네 집에 모으라

- 두 정탐꾼의 목숨을 구한 기생 라합에게 정탐꾼들은 무엇을 약속합니까?(18절)

- 라합 한 사람으로 인해 온 가족이 구원을 얻는 놀라운 일이 벌어집니다. 이것이 소망입니다. 우리가 한 사람을 구원하면 그 가족이 구원받는 놀라운 일이 일어날 것입니다. 내가 하는 이 일이 작다고 여긴 적 있으신가요?

새로운 만남 일기 쓰기

1. 이번 주에 내가 새로 만난 사람은 누가 있었나요?

2. 그 사람에게 말을 거는 등 만남에 어떤 변화가 있었나요?

3. 그 사람의 삶과 여정을 위해 기도하는 시간을 가지십시오. 1권 나의 이야기 4강에서 배운 내용을 기억하며 기도문을 적고 점검해 보아도 좋습니다.

4. 다음을 명심하고 새겨 봅시다. 나는 어떤 점이 부족한지 항목별로 살펴보고 나누어 봅시다.

   1) 그 사람은 전도 대상자이기 이전에 하나님의 형상입니다.
   2) 그 사람의 삶을 존중하고 내가 무엇을 도울 수 있는지 찾아보십시오.
   3) 동행은 여정이고 긴 시간을 들이는 일입니다. 그 과정 가운데 가장 자연스러운 방법으로 나를 통해 하나님이 드러나시기를 기도합시다.

독서 토론 및 실천 나눔

『다음 세대를 위한 관계 전도법』 179-231쪽을 읽고 토론해 봅시다.

1. 지난 일주일 동안 나는 어떻게 지내고, 어떤 기도 중이고, 마음은 어떤지 나누어 봅시다. (나의 삶을 잘 나누고 이야기하는 것도 훈련이 됩니다. 다른 사람의 이야기를 경청합시다.)

    - 어떻게 지냈나요?

    - 어떤 기도 중인가요?

    - 마음은 어떤가요?

    - 다른 사람의 기도 제목을 적고 일주일 동안 함께 기도해 주세요.

2. 읽어 보고 느낀 점이 있다면?

3. 지난 한 주간 어떤 새로운 만남이 있었나요?

4. 어떤 새로운 시도를 했나요?

- 성공적인 것

- 실망스러웠던 것

5. 어떤 어려운 점이 있나요? 조언을 구하고 싶은 점이나 궁금한 것들을 나누어 봅시다.

6. 새롭게 실천하고 싶은 영역과 기도 제목을 함께 쓰고 나누고 기도합시다. (공감과 격려, 함께 기도하는 일은 매우 중요합니다.)

다음 주 독서 『다음 세대를 위한 관계 전도법』 233–282쪽을 읽어 오십시오.

5강

지지(SUPPORT) 그룹 만들기

5강의 목적

A C T I O N & S U P P O R T

아무리 결단을 해도 혼자서는 어렵습니다.
격려하고 지지해 주는 그룹이 있을 때 더욱 효과적입니다.
하나님이 인간을 그렇게 만드셨기 때문입니다.
5강은 함께 훈련하는 이 그룹이
지속적인 격려와 지지를 제공하는 그룹이 되도록
결속하는 시간입니다.

앞으로 실천하는 과정 가운데 겪을
실패도 낙망도 성공도 기쁨도
모두 함께 나누고 위로를 받는
소중한 공동체가 되기를 소망합니다.

말씀 거울 보는 시간

1. 연합의 힘

전도서 4장 9-12절

⁹두 사람이 한 사람보다 나음은 그들이 수고함으로 좋은 상을 얻을 것임이라 ¹⁰혹시 그들이 넘어지면 하나가 그 동무를 붙들어 일으키려니와 홀로 있어 넘어지고 붙들어 일으킬 자가 없는 자에게는 화가 있으리라 ¹¹또 두 사람이 함께 누우면 따뜻하거니와 한 사람이면 어찌 따뜻하랴 ¹²한 사람이면 패하겠거니와 두 사람이면 맞설 수 있나니 세 겹 줄은 쉽게 끊어지지 아니하느니라

- 선한 일을 혼자 하려고 할 때 힘들었던 경험이 있나요? 어떤 한계가 있었는지 나누어 보십시오.

- 누군가에게 도움을 받아서 회복이 되었던 경험이 있다면 생각나는 대로 적어 보십시오. 모든 일을 아우르며 가능한 많이 적어 보십시오.

  (예: 명절에 타지에 나가 있어서 쓸쓸한 마음이 들었는데, 당시 출석했던 교회 공동체에서 음식을 가지고 방문해 주어서 외롭지 않았다.)

2. 함께 사역하는 일

마가복음 6장 7-13절

7 열두 제자를 부르사 둘씩 둘씩 보내시며 더러운 귀신을 제어하는 권능을 주시고 8 명하시되 여행을 위하여 지팡이 외에는 양식이나 배낭이나 전대의 돈이나 아무 것도 가지지 말며 9 신만 신고 두 벌 옷도 입지 말라 하시고 10 또 이르시되 어디서든지 누구의 집에 들어가거든 그 곳을 떠나기까지 거기 유하라 11 어느 곳에서든지 너희를 영접하지 아니하고 너희 말을 듣지도 아니하거든 거기서 나갈 때에 발 아래 먼지를 떨어버려 그들에게 증거를 삼으라 하시니 12 제자들이 나가서 회개하라 전파하고 13 많은 귀신을 쫓아내며 많은 병자에게 기름을 발라 고치더라

- 예수님은 제자들을 보내실 때 혼자 가라 하지 않으시고 둘씩 무리를 짓게 하셨습니다. 왜 그러셨을까요?

- 공동체의 중요성은 아무리 여러 번 강조해도 부족하지 않습니다. 인대인을 실천하는 과정에서 여러분은 반드시 지지(SUPPORT) 그룹을 가지고 서로를 격려하시기 바랍니다. 지지 그룹을 통해 기대하는 바가 있다면 적어 보십시오. 그리고 나누어 보십시오.

  - 나의 기대를 적어 보십시오.

  - 다른 사람들의 기대를 적고 이를 위해서도 마음을 쓰십시오.

지지 그룹 시작하기

단톡방 만들기

1. 우리 팀의 이름을 지어 보십시오. 독창적으로 즐겁게 부를 수 있는 이름을 지어서 팀의 결속을 다지면 좋습니다.

2. 단톡방을 만들어 보십시오. 이제 이 단톡방을 통해 내가 어떤 새로운 만남을 시도하는지 기도를 요청하고, 힘든 점 또 실패와 성공담 등을 나누어 보십시오. 좋은 아이디어도 공유하면 좋습니다. 주중에 함께 나눔을 가지고 격려해 주세요. 서로에게 힘이 될 겁니다.

3. 단톡방에 만남에 대한 새로운 아이디어를 올려 주십시오.
   (예: 오랫동안 연락하지 않은 분께 커피 기프티콘을 선물하면 어떨까요? 혹은 헬스클럽 직원에게 음료를 하나 선물하는 것은 어떨지요?)

정기 모임하기

단톡방에서 온라인으로 소통할 뿐 아니라, 오프라인에서 모임을 가지는 일이 필요합니다. 한 달에 한 번이라도 카페에서 차를 마시거나 혹은 간단한 점심 식사를 하면서 유쾌한 만남을 가져 보세요. 너무 바빠서 아무것도 하지 못한 주에도 이런 만남을 통해 삶의 실천을 다시 시도할 용기를 얻으실 것입니다.

1. 정기 모임의 날짜와 시간을 정해 보십시오. 부담스럽지 않게, 비용이 많이 발생하지 않도록 정해 보세요. 너무 자주 모여도 실천하기 어려울 수 있습니다. 자주 소통하는 것은 단톡방에서, 만남은 한 달에 한 번 정도가 좋습니다.

   매월 _____주차 _____요일 _____시 (정기적)

2. 만남은 즐거워야 하고, 유익해야 합니다. 억지 만남을 좋아하는 사람은 없습니다. 업무적인 만남이 아닌 즐거운 만남이 되려면 어떻게 해야 할까요? 인대인 만남이 그렇듯이 지지 그룹 만남도 편하고 즐거운 따뜻한 만남이 되어야 지속성을 갖습니다.

   - 즐겁고 유쾌한 장소를 찾아 보세요.
   - 삶을 나누고 서로를 격려하며 긍정적인 에너지를 주고받으세요.
   - 서로 기도 제목을 나누세요.
   - 새로운 사람들을 함께 발견해 보세요.

이미지 트레이닝

아래 상황에서 어떤 대화가 가능할까요? 상황을 구체적으로 상상할수록 실천력이 강해집니다.

상황	대화
택시에서	
카페에서	
마트에서	
직장에서	

	상황	대화
가족들과		
경비실을 지나며		
청소하시는 분을 보았을 때		
택배 기사님에게		
톨게이트에서		

	상황	대화
식당에서		
수업 시작을 기다리며		
버스에서		
미용실에서		
옷가게에서		

	상황	대화
병원에서		
이웃에게		
엘리베이터에서		
주차장에서		
기타 상황을 더 나누어 보십시오.		

독서 토론 및 실천 나눔

『다음 세대를 위한 관계 전도법』 233-282쪽을 읽고 토론해 봅시다.

1. 지난 일주일 동안 나는 어떻게 지내고, 어떤 기도 중이고, 마음은 어떤지 나누어 봅시다. (나의 삶을 잘 나누고 이야기하는 것도 훈련이 됩니다. 다른 사람의 이야기를 경청합시다.)

    - 어떻게 지냈나요?

    - 어떤 기도 중인가요?

    - 마음은 어떤가요?

    - 다른 사람의 기도 제목을 적고 일주일 동안 함께 기도해 주세요.

2. 읽어 보고 느낀 점이 있다면?

3. 지난 한 주간 어떤 새로운 만남이 있었나요?

4. 어떤 새로운 시도를 했나요?

- 성공적인 것

- 실망스러웠던 것

5. 어떤 어려운 점이 있나요? 조언을 구하고 싶은 점이나 궁금한 것들을 나누어 봅시다.

6. 새롭게 실천하고 싶은 영역과 기도 제목을 함께 쓰고 나누고 기도합시다. (공감과 격려, 함께 기도하는 일은 매우 중요합니다.)

부록

나의 인대인 만남 일기

그동안 관심 갖지 못했던 사람들을 기록해 봅시다.
처음에는 생각이 잘 나지 않아도 기록하다 보면
점점 더 선명하게 떠오를 것입니다.
하나님께서 선물로 허락하신 주변 사람들에게 말을 건네 보세요.
그리고 유령 같았던 그 사람과 마음으로 대화하기 시작했다면
스티커를 붙여 보십시오.
이제 당신의 사랑으로 한 사람이 귀한 존재로 살아난 것입니다.

〈 교재 마지막 장에 스티커가 있습니다. 〉

되살릴 장소	되살릴 대상		기도 제목 (하나님의 마음으로 그분을 위해 무엇을 구하면 좋을지 적어 보세요)	ACTION (그분에게 어떻게 다가가면 좋을지 적어 보세요)
예) 아파트 단지 내	경비원 어르신		성령님이 구원의 빛을 그분께 비춰 주시기를	비타민 음료를 드리며 안부를 묻는다.

되살릴 장소	되살릴 대상	기도 제목 (하나님의 마음으로 그분을 위해 무엇을 구하면 좋을지 적어 보세요)	ACTION (그분에게 어떻게 다가가면 좋을지 적어 보세요)

부록 | 나의 인대인 만남 일기

되살릴 장소	되살릴 대상	기도 제목 (하나님의 마음으로 그분을 위해 무엇을 구하면 좋을지 적어 보세요)	ACTION (그분에게 어떻게 다가가면 좋을지 적어 보세요)

되살릴 장소	되살릴 대상	기도 제목 (하나님의 마음으로 그분을 위해 무엇을 구하면 좋을지 적어 보세요)	ACTION (그분에게 어떻게 다가가면 좋을지 적어 보세요)

되살릴 장소	되살릴 대상	기도 제목 (하나님의 마음으로 그분을 위해 무엇을 구하면 좋을지 적어 보세요)	ACTION (그분에게 어떻게 다가가면 좋을지 적어 보세요)

되살릴 장소	되살릴 대상	기도 제목 (하나님의 마음으로 그분을 위해 무엇을 구하면 좋을지 적어 보세요)	ACTION (그분에게 어떻게 다가가면 좋을지 적어 보세요)

사명선언문

너희가 흠이 없고 순전하여……세상에서 그들 가운데 빛들로
나타내며 생명의 말씀을 밝혀 _ 빌 2:15-16

1. 생명을 담겠습니다
만드는 책에 주님 주신 생명을 담겠습니다.
그 책으로 복음을 선포하겠습니다.

2. 말씀을 밝히겠습니다
생명의 근본은 말씀입니다.
말씀을 밝혀 성도와 교회의 성장을 돕겠습니다.

3. 빛이 되겠습니다
시대와 영혼의 어두움을 밝혀 주님 앞으로 이끄는
빛이 되는 책을 만들겠습니다.

4. 순전히 행하겠습니다
책을 만들고 전하는 일과 경영하는 일에 부끄러움이 없는
정직함으로 행하겠습니다.

5. 끝까지 전파하겠습니다
모든 사람에게, 땅 끝까지, 주님 오시는 그날까지
복음을 전하는 사명을 다하겠습니다.

서점 안내

광화문점	서울시 종로구 새문안로 69 구세군회관 1층 02)737-2288 / 02)737-4623(F)
강남점	서울시 서초구 신반포로 177 반포쇼핑타운 3동 2층 02)595-1211 / 02)595-3549(F)
구로점	서울시 동작구 시흥대로 602, 3층 302호 02)858-8744 / 02)838-0653(F)
노원점	서울시 노원구 동일로 1366 삼봉빌딩 지하 1층 02)938-7979 / 02)3391-6169(F)
분당점	경기도 성남시 분당구 황새울로 315 대현빌딩 3층 031)707-5566 / 031)707-4999(F)
일산점	경기도 고양시 일산서구 중앙로 1391 레이크타운 지하 1층 031)916-8787 / 031)916-8788(F)
의정부점	경기도 의정부시 청사로47번길 12 성산타워 3층 031)845-0600 / 031)852-6930(F)
인터넷서점	www.lifebook.co.kr

〈나의 인대인 만남 일기 스티커〉

되살릴 대상을 마음으로 만났다면,
아래 스티커에서 닮은 얼굴을 찾아 유령 그림 위에 붙여 보세요.